was für SACHEN

PINGUINE machen

Huw Lewis Jones
Expeditionsleiter

Sam Caldwell
Tierzeichner

PENGUIN JUNIOR

Hallo, Leute! Ich bin’s, Huw! Seid ihr bereit für meine Expedition? Ich werde euch begleiten, wenn wir Ozeane überqueren und in die eiskalte Wildnis vordringen. Dort werden wir die Pinguine erforschen. Kamera und Tagebuch hab ich dabei, denn es gibt immer Neues zu entdecken.
Und ich bin Sam. Meine Aufgabe ist es, die verschiedenen Pinguine zu zeichnen. Ich bin gespannt, ob ihr sie genauso faszinierend findet wie wir. Ich hoffe, ihr mögt Vögel – auch wenn ihr die Kälte vielleicht nicht sooo toll findet?

INHALT

DIE PINGUIN-EXPEDITION

Was weißt du über Pinguine?

Bist du auch so ein Vogel-Fan wie ich? Das hoffe ich! Komm einfach mit. Es wird ein Abenteuer – wir werden weit entfernte Inseln ansteuern, durch riesige Meere und an gefährlichen Eisbergen vorbeischippern, um Pinguine in der freien Wildnis zu finden.

Kannst du dir vorstellen, wie es ist, ein Pinguin zu sein? Den ganzen Tag draußen in der Eiseskälte und abends nichts als rohen Fisch zu fressen? Da muss man die Kälte schon mögen, oder? Nun, auf dieser Reise wirst du erfahren, warum Pinguine sich in ihrer eisigen Umgebung wohlfühlen, wie sie darin überleben und was wir tun können, um sie zu schützen.

Sommerfrische

Im Winter ist die Oberfläche des Ozeans rings um die Antarktis gefroren. Und nicht nur das, es ist auch monatelang total dunkel. Deswegen machen wir uns lieber im Sommer auf die Expedition so tief in den Süden – damit wir sehen können, was vor uns ist!

Brrrr – eine klirrende Kälte!

Was glaubst du, wie kalt es auf unserer Reise wohl wird? Also die kälteste jemals in der Antarktis gemessene Temperatur beträgt −89,2 °C. Die meisten Pinguine werden wir in Küstennähe treffen, aber auch dort ist es unglaublich kalt.

Was du brauchst:

Eine große Portion Mut und warme Anziehsachen! Wir werden Pinguine in verschiedenen Gegenden der Südhalbkugel besuchen, aber als Erstes reisen wir in die Antarktis. Du brauchst wasserfeste, gefütterte Stiefel, eine Schneebrille und eine dicke Mütze. Ein Tagebuch ist auch gut, damit du deine Beobachtungen aufschreiben und die Pinguine zeichnen kannst. Und natürlich eine Thermoskanne für den Kakao!

AUF PINGUINSUCHE

Würdest du gerne mal einen treffen?

Pinguine sehen an Land ein bisschen tollpatschig und lustig aus, wenn sie mit kleinen Schritten über das Eis wackeln und dabei auch manchmal hinfallen. Aber wenn du einmal gesehen hast, wie geschickt und anmutig sie durch das Wasser sausen, weißt du: Das ist ihr Element. Pinguine leben sowohl an Land wie auch im Wasser und sind perfekt an das Leben im Ozean angepasst.

Was bedeutet »Pinguin«?

Über den Ursprung des Wortes gibt es keine Einigkeit. Manche glauben, dass walisische Seeleute zunächst andere Seevögel mit schwarz-weißem Federkleid »pen gwyn« nannten, »Weißkopf«. Den Namen gaben sie dann auch den ähnlich aussehenden Pinguinen. Andere vermuten, das Wort kommt aus dem Lateinischen: »pinguis« bedeutet »fett«.

NOTIZEN: ADELIEPINGUIN

Wo?
Antarktis, Südgeorgien, Südliche Sandwich-Inseln

Lebensraum
Eis und Inseln

Größe
70 cm

Farbe der Füße
rosa

Lieblingssnacks
Krill und kleine Fische

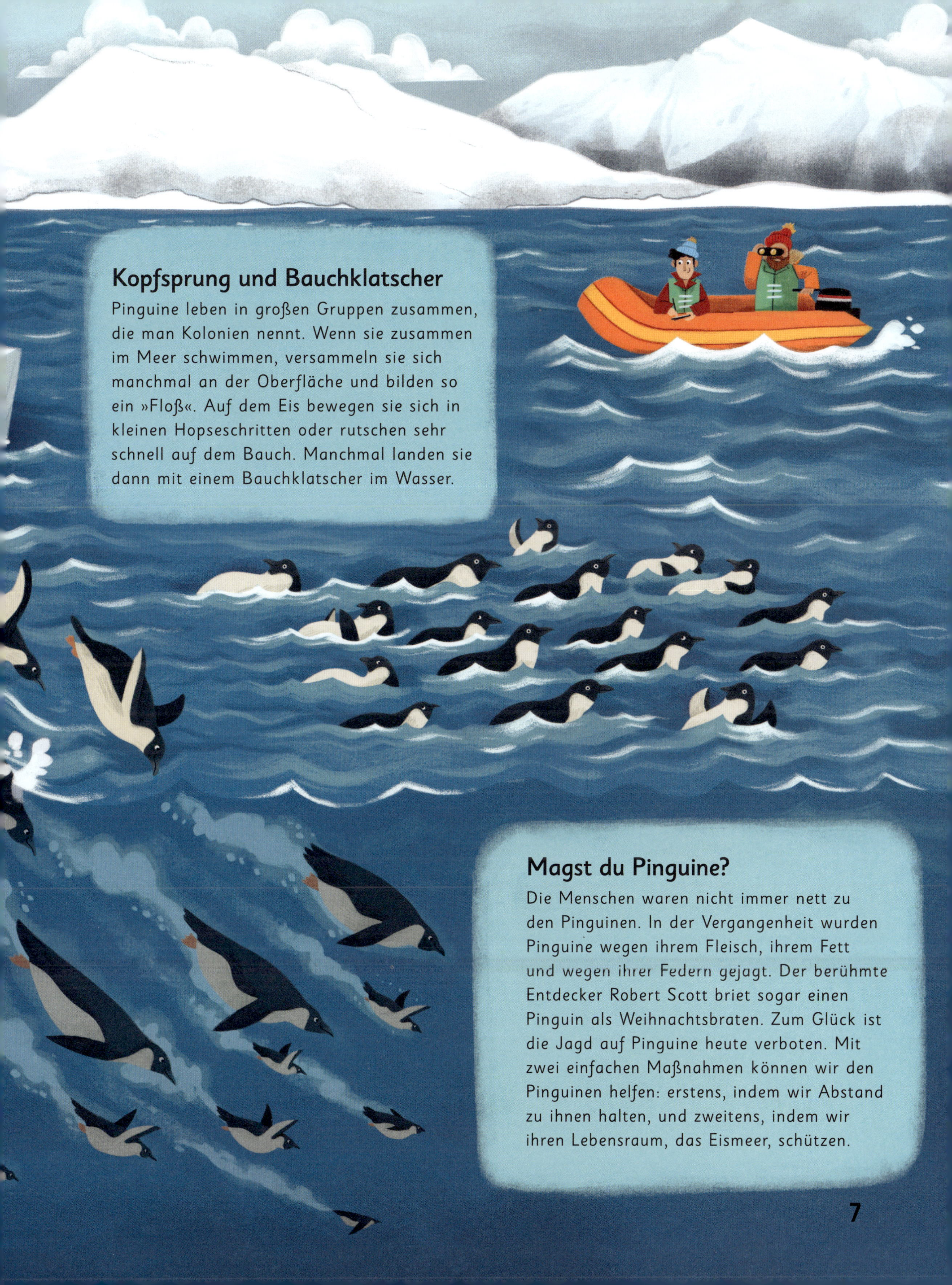

Kopfsprung und Bauchklatscher

Pinguine leben in großen Gruppen zusammen, die man Kolonien nennt. Wenn sie zusammen im Meer schwimmen, versammeln sie sich manchmal an der Oberfläche und bilden so ein »Floß«. Auf dem Eis bewegen sie sich in kleinen Hopseschritten oder rutschen sehr schnell auf dem Bauch. Manchmal landen sie dann mit einem Bauchklatscher im Wasser.

Magst du Pinguine?

Die Menschen waren nicht immer nett zu den Pinguinen. In der Vergangenheit wurden Pinguine wegen ihrem Fleisch, ihrem Fett und wegen ihrer Federn gejagt. Der berühmte Entdecker Robert Scott briet sogar einen Pinguin als Weihnachtsbraten. Zum Glück ist die Jagd auf Pinguine heute verboten. Mit zwei einfachen Maßnahmen können wir den Pinguinen helfen: erstens, indem wir Abstand zu ihnen halten, und zweitens, indem wir ihren Lebensraum, das Eismeer, schützen.

AM ENDE DER WELT

Wo leben die Pinguine?

Beim Lebensraum der Pinguine denken die meisten als Erstes an die Antarktis. Dort gibt es tatsächlich sehr viele Pinguine. Aber wusstest du, dass auch in Angola, Argentinien, Australien, Chile, Namibia, Neuseeland und Südafrika Pinguine leben – von unzähligen kleinen Inseln ganz zu schweigen?

KEIN PINGUIN

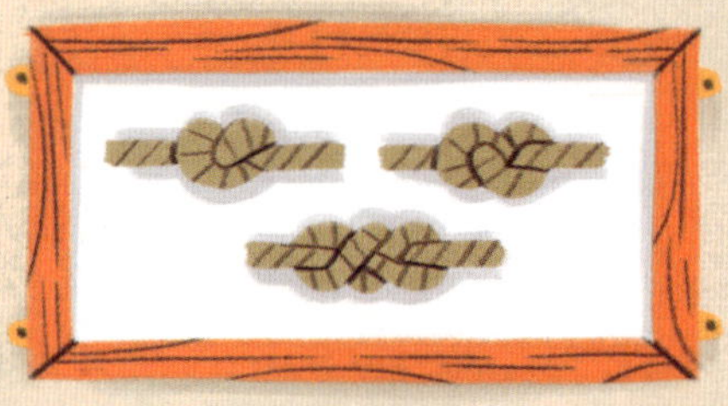

ANTARKTIS

Ant-wie bitte?

Du denkst vielleicht: Antarktis? Wohnen die Pinguine nicht am Südpol? Beides richtig. Wir starten unsere Reise ganz unten am Globus, dort wo sich der Südpol befindet. Er ist nur ein Punkt auf dem vollständig überfrorenen Kontinent Antarktis. Die Antarktis ist eine der kältesten, windigsten und wildesten Gegenden auf unserem schönen Planeten.

Pinguine am Äquator?

Die seltenen Galapagos-Pinguine leben auf den Galapagos-Inseln. Wir werden sie auf unserer Reise besuchen. Ihr Lebensraum liegt in Äquatornähe. Damit sind sie die einzigen Pinguine, die manchmal auch auf der Nordhalbkugel der Erde herumschwimmen.

Im Eis ist alles schwarz-weiß

In der Arktis – die Gegend um den Nordpol, oben am Globus – gibt es keine Pinguine. Allerdings leben dort einige faszinierende Seevögel, die alle ein schwarz-weißes Federkleid haben und den Pinguinen dadurch ähnlich sehen: die Trottellumme, der Papageientaucher und der Tordalk.

Ahoi!

Auch wenn ihre bekanntesten Vertreter in der Antarktis leben, so gibt es Pinguine doch in ganz verschiedenen Lebensräumen – im Eismeer, an felsigen Steilküsten, an Sandstränden und sogar im Wald. Aber alle Pinguinarten leben auf der Südhalbkugel der Erde.

KLEINE PINGUINKUNDE

Was macht einen Pinguin aus?

Vor einigen Hundert Jahren, als europäische Seefahrer und Entdecker zum ersten Mal Pinguine sahen, dachten manche, sie seien gefiederte Fische! Pinguine können einfach sooo gut schwimmen. Sie tauchen tief und schießen pfeilschnell durch das Wasser. Nahe der Oberfläche springen sie manchmal an die Luft, wie Delfine. Aber sie sind eindeutig keine Fische und auch keine Säugetiere! Pinguine sind Vögel, fertig.

Sind es wirklich Vögel?

Pinguine sind ungewöhnliche Vögel. Sie sitzen niemals auf Bäumen (in der Antarktis gibt es keine Bäume!). Stattdessen verbringen sie viel Zeit im Meer. Und wie sieht es mit dem Vogel-Ding Nummer eins aus, mit dem Fliegen? Tja, Pinguine können nicht fliegen! Aber das stört sie nicht. Wir werden noch ziemlich viele coole Fähigkeiten von Pinguinen kennenlernen.

Dickschädel

Pinguine haben vergleichsweise große Köpfe. Beim Schwimmen ziehen sie den Kopf zwischen die Schultern und werden dadurch stromlinienförmig.

Scharfer Schnabel

Der Schnabel ist das wichtigste Werkzeug des Pinguins. Mit dem Schnabel fängt er schlüpfrige Fische und hält sie fest. Da Pinguine keine Zähne haben, schlingen sie die Fische als Ganzes hinunter.

Rückenantrieb

Schmal, flach und stromlinienförmig: Die Flügel sind als kräftige Flossen ausgebildet. Mit ihnen »fliegen« die Pinguine durch das Wasser.

Geheime Stelzen

Unter ihrem beeindruckenden Federkleid verbergen sich erstaunlich lange Beine. Pinguine machen mit den Beinen keine Schwimmzüge, sondern setzen sie nur zum Steuern ein. Das ist so ähnlich, wie wenn du beim Fahrradfahren durch eine kleine Bewegung am Lenker die Richtung veränderst. Für die Fortbewegung an Land sind die Beine weniger geeignet. Pinguine machen kleine Trippelschritte.

Gut geölt

Pinguine kämmen und pflegen regelmäßig ihr Gefieder. Mit dem Schnabel nehmen sie ein öliges Sekret aus ihrer Bürzeldrüse am Schwanz auf und verteilen es auf dem Gefieder. So bleiben die Federn gesund, biegsam und wasserabweisend.

Wie viele verschiedene Pinguine gibt es?

Es gibt 18 verschiedene Pinguinarten. Jede Art ist einzigartig. Doch man kann sie in 6 Gruppen zusammenfassen, den sogenannten Gattungen. Alle Pinguine gehören zur gleichen Tierfamilie, die wissenschaftlich *Spheniscidae* genannt wird.

Rote Liste

Wissenschaftler führen eine Rote Liste der gefährdeten Tierarten. Sie beobachten die Pinguinbestände genau. Das rote Dreieck auf der nächsten Seite zeigt an, welche Pinguine am meisten Hilfe brauchen.

Brillenpinguine
Spheniscus genus

Humboldt-Pinguin
Wie viele? 24.000
Bestand: gefährdet

Magellan-Pinguin
Wie viele? 3 Millionen
Bestand: nicht gefährdet

Galapagos-Pinguin
Wie viele? 1.200
Bestand: stark gefährdet

Brillenpinguin
Wie viele? 42.000
Bestand: stark gefährdet

Gelbaugenpinguine
Megadyptes genus

Gelbaugenpinguin
(auch Hoiho genannt)
Wie viele? 4.000
Bestand: stark gefährdet

Zwergpinguine
Eudyptula genus

Zwergpinguin
(auch Korora genannt)
Wie viele? 470.000
Bestand: nicht gefährdet

Großpinguine
Aptenodytes genus

Kaiserpinguin
Wie viele? 500.000
Bestand: möglicherweise gefährdet

Königspinguin
Wie viele? 2 Millionen
Bestand: nicht gefährdet

Langschwanzpinguine

Pygoscelis genus

Zügelpinguin
Wie viele? 8 Millionen
Bestand: nicht gefährdet

Eselspinguin
Wie viele? 776.000
Bestand: nicht gefährdet

Adeliepinguin
Wie viele? 10 Millionen
Bestand: nicht gefährdet

Schopfpinguine

Eudyptes genus

Snaresinselpinguin
Wie viele? 60.000
Bestand: gefährdet

Tristanpinguin
Wie viele? 400.000,
jedoch stark abnehmend
Bestand: stark gefährdet

Goldschopfpinguin
Wie viele? 12 Millionen,
jedoch stark abnehmend
Bestand: gefährdet

Kronenpinguin
Wie viele? 150.000,
jedoch stark abnehmend
Bestand: stark gefährdet

Dickschnabelpinguin
Wie viele? 30.000
Bestand: gefährdet

Felsenpinguin
Wie viele? 2,5 Millionen
Bestand: gefährdet

Haubenpinguin
Wie viele? 1,7 Millionen
Bestand: möglicherweise gefährdet

IN GRAUER VORZEIT

Gab es Dino-Pinguine?

Lange vor uns lebten erstaunliche Tierarten auf der Erde, zum Beispiel Dinosaurier, Mammuts und Wollnashörner. Wie sie aussahen und lebten, hat man anhand von Fossilien (Versteinerungen) herausgefunden. Durch Fossilienfunde wissen wir auch, dass sich gegen Ende der Saurierzeit die ersten Pinguine entwickelten.

Überlebende

Vor vielen Millionen Jahren führte der Einschlag eines riesigen Meteoriten auf der Erde zum Aussterben vieler großer Dinosaurier. Genau zu der Zeit entwickelten sich die frühen Pinguine. Zunächst lebten sie in warmen Gewässern, doch mit der Zeit zogen sie auf der Suche nach Nahrung immer weiter in den Süden und bildeten verschiedene Arten.

Die ersten Pinguine

Die frühesten Belege für das Leben von Pinguinen sind 62 Millionen Jahre alt. Diese Fossilien wurden in Neuseeland gefunden. Die allererste Pinguinart heißt dort Waimanu – nach den Maori-Wörtern »wai« und »manu«, was zusammengesetzt »Wasservogel« bedeutet.

Icadyptes

Größe: fast 1,50 m
Gewicht: 50–80 kg
Wo: Wüstengebiete an der Küste von Peru
Wann: vor 36 Millionen Jahren

heutiger Galapagos-Pinguin

Größe: 50 cm
Gewicht: 1,7–2,6 kg
Wo: Galapagos-Inseln, Ecuador
Wann: heute

Anthropornis

Größe: fast 1,80 m
(fast doppelt so groß wie
ein Kaiserpinguin!)
Gewicht: über 90 kg
Wo: Antarktis und Neuseeland
Wann: vor 40 Millionen Jahren

Pachydyptes

Größe: ungefähr 1,50 m
Gewicht: der pummeligste aller
Pinguine – vermutlich über 100 kg
Wo: Neuseeland
Wann: vor 35 Millionen Jahren

Parade der Riesenpinguine

Prähistorische Riesenpinguine? Klingt nach Fantasy, aber es gab sie wirklich! Manche Vorfahren der heutigen Pinguine waren bis zu 1,80 m groß und wogen möglicherweise mehr als 100 kg. Das ist so schwer wie ein Großer Panda oder wie ein Elefantenbaby.

DIE GROSSE FISCHPARTY

Was fressen Pinguine?

Pinguine sind Fleischfresser. Ihre Nahrung fangen sie im Meer: Fische, Tintenfische, Krebse und Krill. Sie fressen, was sie erwischen können. Bei der Jagd schwimmen sie von unten an einen Fischschwarm heran, schießen dann plötzlich hoch und schnappen sich einen Fisch.

Von Hering bis Sardine

Königspinguine lieben Heringe, während Galapagos-Pinguine Meeräschen bevorzugen. Humboldt-Pinguine mögen sehr gerne Sardinen und der große Kaiserpinguin frisst sogar Tiefsee-Anglerfische. Manche Pinguine verschlucken auch Kiesel. Nach Ansicht der Biologen helfen ihnen die Steine dabei, die Nahrung im Magen zu zerkleinern. Was schon praktisch wäre, denn Pinguine schlingen alles unzerkaut hinunter.

Fertignahrung fürs Kind

Pinguin-Eltern füttern ihre Kinder mit vorverdauter Nahrung: Erst fressen sie selbst, nach einer Weile würgen sie den zersetzten Fisch wieder hoch und geben ihn ihrem Küken. Das Küken frisst so lange Fischbrei aus dem Schnabel der Eltern, bis es selbst jagen kann.

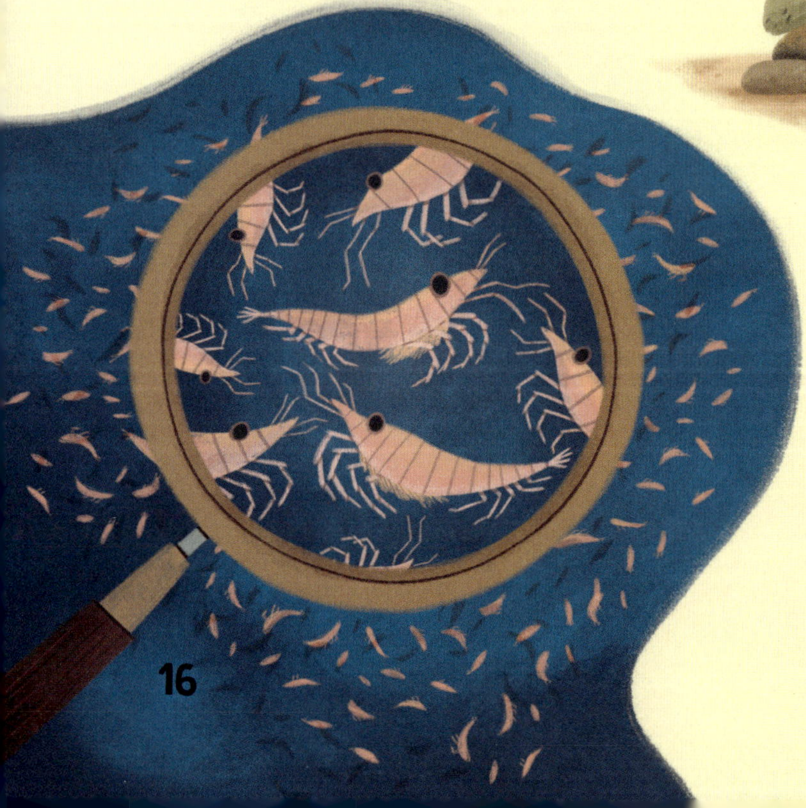

Massenweise Krill

Krill sind winzige Krustentiere, die so ähnlich wie Garnelen aussehen. Der Krill in der Antarktis ist eine wichtige Grundlage für das Leben anderer Tiere. Wale, Robben, Fische und Tintenfische fressen Krill, und Pinguine tun das natürlich auch. So klein die einzelnen Tierchen auch sind – würde man den gesamten Krill der antarktischen Meere wiegen, so wäre er schwerer als alle Menschen auf der Erde!

Kot-Sammler

Biologen untersuchen die Ausscheidungen von Tieren, um mehr über ihren Stoffwechsel und ihr Verhalten herauszufinden. Bei Vögeln kommt der Kot zusammen mit dem Urin aus einer Körperöffnung und ist daher ziemlich flüssig. Bei Seevögeln nennt man die Ausscheidung auch Guano.

Vorsicht, Kacke!

Wenn Adeliepinguine aufs Klo müssen, spritzen sie einen heißen Strahl mit einem Urin-Kot-Gemisch bis zu 1,50 m weit weg. So halten sie ihr Nest sauber, besonders wenn Eier oder Küken darin sind. Weniger praktisch ist das Ganze für die Nachbarn.

Rosa Kot deutet auf Krill als Nahrung hin. Adeliepinguine mögen Krill sehr gerne und fressen täglich bis zu 1 Kilo davon.

Gelber Kot heißt normalerweise, es gab Tintenfisch.

Weißer Kot entsteht, wenn der Pinguin Fisch gefressen hat.

Grün weist darauf hin, dass es dem Pinguin nicht gut geht: Er hat zu wenig zu fressen.

FANTASTISCHE FLÜGEL

Wollen Pinguine fliegen?

Pinguine sind die einzigen flugunfähigen Seevögel. Wenn sie auch nicht durch die Luft fliegen können, so sind sie doch ausgezeichnete Schwimmer und »fliegen« in hoher Geschwindigkeit durch das Wasser. Ihr Körper ist so stromlinienförmig wie eine Rakete. Im Wasser sieht es so aus, als hätten sie keine Federn, doch jeder Quadratzentimeter Haut ist mit bis zu 12 Federn bedeckt – das ist mehr als bei den meisten Vögeln.

Sprung aufs Eis

Viele Pinguinarten können aus dem Wasser auf das Eis hochspringen. Adeliepinguine überwinden dabei bis zu 3 m Höhenunterschied! Sie pressen ihr Federkleid zusammen, sodass Luftblasen entweichen, verdoppeln oder verdreifachen so ihre Geschwindigkeit und katapultieren sich in die Höhe.

Superschnell

Pinguine können bis zu viermal so schnell schwimmen wie Menschen, wenn man sie mit Olympiasiegern vergleicht. Am schnellsten sind Eselspinguine, die über kurze Strecken Geschwindigkeiten von etwa 30 km/h erreichen. Sie machen bis zu 400 Tauchgänge am Tag!

Geborene Taucher

Vögel haben normalerweise hohle Knochen, die wenig wiegen und ihnen das Fliegen erleichtern. Bei den Pinguinen ist das anders: Ihre Knochen sind massiv und schwer. Dadurch sinken sie besser nach unten und müssen beim Tauchen nicht gegen den Auftrieb ankämpfen.

Tiefenrekord

Kaiserpinguine sind die absoluten Tieftauch-Meister in der Vogelwelt. Sie können ihren Atem länger als 20 Minuten anhalten und wurden schon in einer Tiefe von 580 m unter dem Meeresspiegel gesehen. Unglaublich!

NOTIZEN: KAISERPINGUIN

Wo?
Antarktis

Lebensraum
Eismeer

Größe
100 cm

Farbe der Füße
schwarz

Lieblingssnacks
Fische und Tintenfische

SAGENHAFTE SINNE

Riechst du wie ein Pinguin?

Hm, vielleicht riechen deine schlimmsten Stinkesocken, die du nach dem Sport in deiner Tasche vergessen hast, nach Pinguin … Aber hast du auch so eine feine Nase wie ein Pinguin? Pinguine erkennen am Geruch, mit wem sie verwandt sind. Irgendein Cousin dritten Grades kommt ihnen nicht ins Nest. Einige Pinguinarten setzen ihren Geruchssinn auch ein, um Beutetiere aufzuspüren.

Adleraugen mit Schwimmbrille

Pinguine haben ein ausgezeichnetes Sehvermögen, und zwar besonders unter Wasser. Dafür sorgen die besondere Form ihrer Augen und eine durchsichtige Hornhaut, die das Auge schützt. Es ist so, als hätten sie die ganze Zeit über eine perfekt sitzende Taucherbrille auf.

Zähne auf der Zunge

Wusstest du, dass Pinguine ziemlich verrückte Zungen haben? Zähne haben sie ja nicht, aber auf ihren Zungen sitzen lauter spitze Stacheln, wie die Zinken eines Kammes. Diese Stacheln sind nach hinten gerichtet, sodass Fische und Tintenfische nicht wegflutschen können. Pinguine nehmen weder süßen noch bitteren Geschmack wahr, sondern schmecken nur sauer und salzig.

Immer gut orientiert

Navi und Kompass brauchen Pinguine natürlich nicht. Sie haben einen erstaunlichen Orientierungssinn. Die Forscher wissen nicht genau, wie die Pinguine es machen, aber manche Arten können sich Hunderte Kilometer weit entfernen, von Meeresströmungen forttragen lassen und finden dennoch zuverlässig wieder dorthin zurück, wo sie aufgewachsen sind. Ihren Partner finden sie unter Tausenden von Pinguinen heraus.

Nächtlicher Tauchgang

Pinguine verbringen sehr viel Zeit damit, im Meer nach Nahrung zu suchen. Häufig jagen sie auch nachts. Dank ihrer sagenhaften Sinne kommen sie immer zurecht – wenn die Biologen auch noch nicht genau herausgefunden haben, wie sie das eigentlich schaffen. Tief im Meer, wo die Kaiserpinguine jagen, ist es auch tagsüber dunkel. Die Dunkelheit hält die Tiere nicht davon ab, Tintenfische und Fische aufzuspüren und dann wieder den Weg nach Hause zu finden.

DAS ZWITSCHER-ABC

Verstehst du die Pinguinsprache?

Bereit für einen kleinen Sprachkurs? Pinguine verständigen sich auf unterschiedliche Weise, mit Lauten und Körpersprache. Die Forscher verstehen nicht all diese geheimnisvollen Zeichen, aber unter Pinguinen gibt es keine Verständigungsprobleme. Sie geben sich vor allem drei Arten von Signalen:

1) einfache Begrüßungslaute: »Hallo, bist du das?«

2) Abwehrlaute: »Das hier ist mein Platz, hau ab!«

3) Annäherungslaute: »Ich mag dich – magst du mich auch?«

Quaken verboten

Kein Pinguin quakt wie eine Ente oder heult wie eine Eule. Manche brüllen allerdings wie Esel, schreien wie Gänse oder knurren sogar wie Hunde. Viele Pinguinarten geben ein Geräusch von sich, das man als Mischung zwischen Kreischen und dem Anlassgeräusch eines Dieselmotors beschreiben könnte.

Babysprache

Wenn ein erwachsener Pinguin aus dem Meer zu seiner Kolonie zurückkehrt, kann er sich nicht allein auf sein Sehvermögen verlassen, um seinen Partner oder sein Küken zu finden. Da sind einfach Tausende von Pinguinen, die schnattern und quatschen, mit ihrem Nachbarn streiten oder nach Mama und Papa schreien! Trotzdem hören Pinguineltern ihr Küken auch aus dem größten Lärm immer heraus.

Harter Kerl

Königspinguine verteidigen ihr Revier. Die Männchen versuchen andere Männchen einzuschüchtern, indem sie mit den Flügeln schlagen und ihnen finstere Blicke zuwerfen. Wenn das nicht hilft, greifen sie an. Manchmal verdreschen sie die Eindringlinge sogar mit ihren Flügeln. Oje!

Wenn ihr das nicht gefällt?!

Wenn die Männchen ein Weibchen anlocken wollen, richten sie sich auf, recken den Hals, strecken die Flügel aus und kreischen gellend. Zügelpinguine nicken heftig mit dem Kopf und machen alle möglichen auffälligen Geräusche.

IM SCHUTZ DER GRUPPE

Fühlen sich Pinguine jemals einsam?

Die meisten Pinguine hängen gerne mit anderen Pinguinen ab, auch wenn sie sich manchmal streiten und sogar zwicken und balgen. Sie brüten in großen Kolonien von ein paar Hundert bis zu Hunderttausenden Vögeln. Kolonien sind sicherer als einsame Brutplätze. Außerdem können sich die Pinguine so darüber austauschen, wo es den besten Fisch gibt.

Ein Platz in der Mitte

Pinguine drängen sich oft dicht zusammen, um besser gegen den eisigen Wind geschützt zu sein. Die Kaiserpinguine tauschen dabei regelmäßig die Plätze, damit sich jeder mal in der Mitte aufwärmen kann.

Die größte Kolonie

Die größte Pinguinkolonie der Welt befindet sich auf der Zavodovski-Insel im Südatlantik. Über 2 Millionen Zügelpinguine brüten dort in der Nähe eines aktiven Vulkans! Zügelpinguine, auch Kehlstreifpinguine genannt, verdanken ihren Namen einer dünnen gebogenen Linie schwarzer Federn im weißen Gefieder, die an einen Zügel erinnert.

NOTIZEN:
ZÜGELPINGUIN

Wo?
Antarktis und verschiedene Inseln im Südatlantik

Lebensraum
Felsen und Steilküsten

Größe
65 cm

Farbe der Füße
rosa

Lieblingssnacks
Garnelen, Tintenfische, kleine Fische

Goldige Schöpfe

Die Pinguinart mit den meisten Vertretern ist der Goldschopfpinguin. Er hat einen auffälligen Schopf aus mehreren Büscheln gelber Federn. Goldschopfpinguine leben auf vielen Inseln und in der Antarktis. Es gibt gut 12 Millionen Tiere, was wirklich nicht wenig ist. Dennoch wurden Goldschopfpinguine auf die Rote Liste bedrohter Tierarten gesetzt. Seit den 1970er-Jahren nimmt die Zahl der Goldschöpfe ab.

Eigenbrötler

Dann gibt es noch eine Pinguinart, die gerne etwas mehr Abstand zu den anderen Tieren der Kolonie hat: den Gelbaugenpinguin. Die Vertreter dieser Art nisten paarweise für sich. Sie suchen sich ein Versteck im Unterholz und bauen sich dort ihr Nest. Die Nester sind flache Mulden, die sie mit Zweigen und Gras auspolstern.

NOTIZEN:
GOLDSCHOPFPINGUIN

Wo?
Antarktis und benachbarte Inseln

Lebensraum
Felsen und Steilküsten

Größe
60 cm

Farbe der Füße
rosa

Lieblingssnack
Krill

COOLE TRICKS

Mögen Pinguine die Kälte?

Die meisten Pinguine fühlen sich in der Kälte wohl und haben sich an das eisige Klima gut angepasst. Aber manche Pinguine haben noch nie Schnee gesehen! Die Brillenpinguine (Magellan-, Humboldt-, Galapagos- und Brillenpinguin) leben in Südamerika und Südafrika. Diese Arten könnten den eisigen Temperaturen in der Antarktis wohl kaum standhalten.

Puh, diese Hitze!

Brillenpinguine leben in Südafrika und Südamerika. Dort verstecken sie sich manchmal vor der Hitze. Sie graben Höhlen und suchen schattige Stellen im Gesträuch. Natürlich können sie sich auch im Wasser abkühlen. Aufgrund tiefer Strömungen ist das Meerwasser auch in ihren Lebensräumen recht kalt.

Mega magellanisch

Magellan-Pinguine hängen oft in großen Gruppen an den Küsten Südamerikas ab. Sie sind geschickte Jäger und extrem ausdauernde Schwimmer. Bis zu 5 Monate am Stück können sie im Wasser bleiben! Und sie legen dort enorme Strecken zurück: Mehrere 1.000 Kilometer sind für sie kein Ding.

NOTIZEN:

GALAPAGOS-PINGUIN

Wo?
Galapagos-Inseln

Lebensraum
Felsige Küsten

Größe
50 cm

Farbe der Füße
schwarz

Lieblingssnacks
Meeräsche und Sardinen

Immer cool bleiben

In Äquatornähe ist die Sonnenstrahlung sehr stark. Damit ihnen nicht zu heiß wird, bleiben Galapagos-Pinguine die meiste Zeit des Tages im Wasser. An Land bedecken sie manchmal ihre Füße mit den Flügeln, um keinen Sonnenbrand zu bekommen!

Frostbeutel

Ab wann wird es zu kalt für einen Pinguin? Das ist schwer zu sagen. Wenn ein Pinguin schwach, verletzt oder hungrig ist, setzt ihm die Kälte durchaus zu. Besonders wenn er sich dann auch noch um ein Ei oder ein Küken kümmert. Viele Pinguine verbringen den gesamten Winter im Wasser, ohne einmal an Land zu gehen. Es ist im Wasser einfach wärmer.

Die Meere werden wärmer

Dass sich die Erde erwärmt und daher auch das Meerwasser, ist bereits ein großes Problem für die Pinguine. Sie fressen nämlich Fische, die nur in kalten Gewässern leben können. Wenn diese Fischarten aussterben, werden sich die Pinguine andere Lebensräume suchen müssen.

HAPPY FEET

Stimmt es, dass Pinguine tanzen?

Manchmal sieht es so aus, als würden Pinguine Tänzchen aufführen: Sie watscheln, machen kleine Hopser und schlagen mit den Flügeln. Pinguine bewegen sich, um ihre Körpertemperatur zu regulieren, um sich miteinander zu verständigen und vielleicht auch – wer weiß? – nur zum Spaß. Sie klettern und springen und rodeln auf dem Bauch über das Eis.

Schüttel es raus!

Wenn Pinguine ihren Kopf wild schütteln, dann möchten sie meistens überschüssiges Salz loswerden. Sie haben besondere Drüsen am Schnabel, mit denen sie Salz ausscheiden können. Dadurch ist es ihnen möglich, das sehr salzige Meerwasser zu trinken und damit ihren Wasserbedarf zu decken.

Mit einem Flügelschlag

Pinguine schlagen häufig mit den Flügeln. Das kann bedeuten, dass sie auf einen anderen Pinguin sauer sind oder einen möglichen Partner auf sich aufmerksam machen wollen.

NOTIZEN:

ESELSPINGUIN

Wo?
Antarktis und umliegende Inseln

Lebensraum
Felsige Inseln

Farbe der Füße
orange

Größe
65 cm

Lieblingssnacks
Krill und kleine Fische

Freundliche Watschler

Wenn ich mit Gruppen in die Wildnis reise, um Pinguine zu beobachten, sind die Leute meistens sehr erstaunt darüber, wie neugierig die Tiere sind, besonders in der Antarktis. Im Wasser lauern Seeleoparden und andere Raubtiere, doch an Land droht keinerlei Gefahr. Deswegen haben Pinguine keine Angst vor Menschen. Wenn man sich still verhält, watscheln sie manchmal sogar auf einen zu.

Das muss Liebe sein

Den Kopf hin- und herdrehen, nicken und sich verbeugen – all das machen Pinguine, wenn sie einen Partner gefunden haben. Durch Singen und Tanzen versuchen sie dem anderen zu gefallen und lernen sich gegenseitig besser kennen.

Anti-Frost

Pinguine werden durch ihr dichtes Federkleid und die Fettschicht unter der Haut warmgehalten. Aber ihre Füße sind nackt. Zum Glück funktioniert der Blutkreislauf so, dass die Tiere über ihre Füße wenig Wärme verlieren. Kalte Füße stören sie nicht. Und wenn sie doch Eisfüße bekommen? Kaiserpinguine schaukeln dann vor und zurück, bis die Füße wieder so warm sind, dass sie sie vom Eis lösen können.

GROSSSTADT-PINGUINE

Können Pinguine hier leben?

Wusstest du, dass nicht alle Pinguine in der Wildnis leben? Tatsächlich kann man einige auch in unmittelbarer Nähe geschäftiger Großstädte antreffen. Zwergpinguine zum Beispiel sind an der Südküste Australiens sehr verbreitet. Man entdeckt sie an den unwahrscheinlichsten Plätzen. Sie werden dort auch Feenpinguine genannt, während sie in Neuseeland in der Sprache der Maori Korora heißen. Diese putzigen kleinen Kerlchen haben blaue Federn und sind ungefähr so groß wie ein Kegel.

Pinguine als Nachbarn

Am Stadtrand von Sydney leben viele Zwergpinguine, fast unbemerkt, ganz in der Nähe von Menschen. Sie nisten sogar in den Hohlräumen hinter Wandverkleidungen und in Vorgärten. Wie cool muss es sein, wenn in deinem Garten ein Pinguin wohnt!

Könige der Wellen

Sogar am berühmten Surfer-Strand Bondi Beach, der mitten in der Stadt liegt, wurden schon Zwergpinguine gesehen.

NOTIZEN:
ZWERGPINGUIN

Wo?
Neuseeland, Südaustralien

Lebensraum
Strände und Gesträuch

Größe
30 cm

Farbe der Füße
rosa

Lieblingssnacks
Sardellen, Sprotten, Garnelen

Nachtleben

An der Küste von St. Kilda, einem Vorort von Melbourne, lebt eine Kolonie von ungefähr 1.400 Zwergpinguinen. Die Tiere sind scheu und kommen bei Tageslicht gar nicht erst an Land. So vermeiden sie die Begegnung mit Raubtieren. In der Dämmerung verlassen sie das Wasser und spazieren zu ihren sicheren Nisthöhlen in den Felsspalten der Küste. Nach der Nachtruhe geht es wieder ins Wasser, wo sie kleine Fische jagen.

Pinguin-Parade

In der Stadt Oamaru in Neuseeland ist der Abendspaziergang der Zwergpinguine eine Touristen-Attraktion. Viele Leute schauen leise zu, wenn die Pinguine abends nach der Jagd das Meer verlassen und über den Strand watscheln.

MAMA, PAPA, KIND

Haben Pinguine Familien?

Pinguine ziehen ihre Jungen in verschiedensten Nestern auf. Manche verstecken sich einfach in Felsspalten oder im Gebüsch, andere schichten Kiesel zu einem Nestwulst auf, wieder andere lassen sich mitten im Dung zum Nisten nieder. Nur im Meer funktioniert das Nisten nicht. Pinguine können allerdings auf dem offenen Meer schlafen – was ganz schön cool ist! –, aber zum Brüten kommen sie immer an Land. Sowohl die Männchen als auch die Weibchen bauen das Nest und kümmern sich um Eier und Küken.

Miese Angewohnheit

Bei den Zügelpinguinen verbringen die Männchen eine Menge Zeit damit, Steine von anderen Nestern zu klauen! In der eisigen Antarktis sind Steine Mangelware. Und die Männchen wissen ganz genau: Derjenige mit dem größten Steinnest hat die besten Aussichten, ein Weibchen von sich zu überzeugen.

Papas Aufgabe

Nachdem das Kaiserpinguin-Weibchen ein einzelnes Ei gelegt hat, verschwindet es erst mal für lange Zeit im Meer, um sich zu erholen und zu fressen. Drei eiskalte Monate lang beschützt das Männchen das Ei und bebrütet es mit seiner Körperwärme. Dabei balanciert es das Ei auf den Füßen. Wenn die Kälte zu hart wird, drängen sich die Männchen zusammen, um sich gegenseitig zu wärmen.

Mama kommt nach Hause

Bald nachdem das Küken aus dem Ei geschlüpft ist, kommt das Pinguinweibchen aus dem Meer zurück. Zufrieden, gesund und vollgefressen übernimmt es nun alle Babysitterpflichten. Und das Männchen macht hungrig die weite Wanderung über das Eis, um endlich wieder Fische fressen zu können.

Winzlinge

Frisch geschlüpfte Pinguine sind winzig. Die kleinsten Küken wiegen gerade mal 30 Gramm, nicht viel mehr als eine Maus. Die Küken aller Pinguinarten fressen in kurzer Zeit unheimlich viel. Es ist wichtig, dass sie schnell Fett ansetzen, damit sie der Kälte besser standhalten können.

Im Pinguin-Kindergarten

Nach einigen Wochen sind die kleinen Pinguine so weit herangewachsen, dass sie unbeaufsichtigt bleiben können. So können beide Eltern wieder auf die Jagd nach Nahrung gehen. In der Gruppe sind die Jungtiere sicherer und haben vermutlich auch mehr Spaß. Manchmal bleibt ein erwachsenes Tier als Aufpasser dabei.

LUSTIGES GEFIEDER

Sehen alle Pinguine gleich aus?

Man könnte meinen, alle Pinguine haben die gleichen schwarzen und weißen Federn, aber das stimmt nicht. Pinguinküken haben sehr weiche, grau-bräunliche Daunenfedern, die nicht wasserdicht sind. Die Jungtiere können also gar nicht schwimmen. Erst wenn das Erwachsenen-Federkleid nach vier Monaten vollkommen ausgebildet ist, geht es zum ersten Mal im Leben ins Wasser.

Alle erwachsen?

Das Warten auf das Gefieder der Erwachsenen lohnt sich: Die Federn sind kurz und breit und überlappen sich dachziegelartig. In diesem Federkleid können die Pinguine durchs Wasser gleiten, ohne dass ein Wassertropfen an ihre Haut gelangt.

Schick, schick!

Beim Heranwachsen werden die weichen Daunen nach und nach von den festeren Federn der Erwachsenen ersetzt. Diesen Vorgang nennt man Mauser. Während der Mauser sehen die kleinen Pinguine manchmal etwas struppig aus. Bitte lach nicht über ihre Zottelbärte und lustigen Frisuren!

Federbällchen

Die meisten Pinguinküken sind unter ihrem weichen grauen Federkleid recht speckig. Die weichen Daunen schützen vor Wind und Kälte und lassen dennoch Wärme hindurch. So können sich die Kleinen bei ihren Eltern gut aufwärmen.

NOTIZEN:

HUMBOLDTPINGUIN

Wo?
Chile, Peru

Lebensraum
Felsküsten

Größe
65 cm

Farbe der Füße
schwarz

Lieblingssnack
Sardinen

Nicht ohne meine Federn!

Auch bei erwachsenen Pinguinen vollzieht sich einmal im Jahr die Mauser. In kurzer Zeit wird das komplette Federkleid ersetzt. Solange diese Turbo-Mauser nicht abgeschlossen ist, ist das Gefieder auch nicht wasserdicht. Also heißt es: an Land bleiben, warten und alle Kraft in das Federwachstum stecken.

Angesagte Frisuren

Zu den Dingen, auf die sich heranwachsende Pinguine freuen können, zählt bei manchen Arten ein bleibendes Gefieder, das ein echter Hingucker ist.

Krasse Farb-Kombi

Felsenpinguine sind die Rockstars unter den Pinguinen. Nicht nur wegen ihres stacheligen Schopfes, sondern auch wegen ihrer roten Augen, der orangefarbenen Schnäbel und der rosa Füße. Cool!

Blonde Makkaroni

Goldschopfpinguine verdanken ihren Namen dem goldblonden Federpuschel auf ihrem Kopf. Auf Englisch heißen sie übrigens Makkaroni-Pinguine. Makkaroni nannte man im 18. Jahrhundert Männer mit angeberischen Turmfrisuren. Also gaben englische Seeleute den Spottnamen auch den Pinguinen mit dem auffälligen Kopfputz.

VORSICHT, GEFAHR!

Frisst hier irgendwer Pinguine?

Zum großen Leidwesen der Pinguine lautet die Antwort: Ja! Für viele Tiere bedeutet der Anblick eines Pinguins, dass es bald etwas zu fressen gibt. Sowohl auf dem Land als auch im Meer gibt es verschiedene wilde Tiere, die Jagd auf Pinguine machen.

Überlebenstricks

Die gute Nachricht ist, dass Pinguine ausgezeichnete Schwimmer sind und sich nicht so leicht fangen lassen. Sie können blitzschnell aus dem Wasser springen und auf einer Eisscholle so lange warten, bis die Gefahr vorüber ist.

Nur ein Happs

In der Antarktis leben die meisten Tiere, die den Pinguinen gefährlich werden können, im Wasser, so zum Beispiel Seeleoparden und Schwertwale. Doch auch an Land sind Pinguine nicht sicher, jedenfalls die Jungtiere nicht. Große Raubmöwen stoßen im Flug herab und schnappen sich die Küken.

Schlaue Farben

Das schwarz-weiße Muster des Gefieders verhindert, dass der Pinguin im Wasser sofort gesehen wird.

Wenn ein Raubtier über dem Pinguin schwimmt und nach unten schaut, fällt der dunkle Rücken des Pinguins vor der dunklen Tiefe nicht auf.

Schwimmt ein Raubtier unter dem Pinguin, ist der weiße Bauch des Pinguins vor dem hellen Himmel kaum zu sehen.

Das nennt man Gegenschatten. Es ist eine Art der Tarnung.

Sei bitte nicht traurig!

Vergiss nicht, dass Pinguine selbst sehr gute Jäger sind. Aus der Sicht eines kleinen Fisches sind Pinguine große und gefährliche Raubtiere! Sogar Zwergpinguine sind geschickte Jäger, die so viel fressen, wie sie nur fangen können.

Man hat's nicht leicht

In Südafrika gibt es Haie und Seelöwen, die gar nichts gegen ein leckeres Pinguin-Sandwich einzuwenden hätten. Und auch an Land drohen den Tieren viele Gefahren. Wissenschaftler haben festgestellt, dass Ratten, Hunde, Schlangen und sogar Leoparden bereits Pinguine erbeutet haben.

PINGUINGESCHICHTEN

Warum sind Pinguine so beliebt?

Auf der ganzen Welt werden Pinguine geliebt. Manche Leute sammeln sie als Kuscheltiere oder kleine Figuren, andere lernen alles über die verschiedenen Arten und erforschen sie. Von Schokoladenkeksen über Comics und Filme bis hin zu flauschigen Schlafanzügen und Wollmützen. Überall gibt es Pinguine! Und schon seit Jahrhunderten haben sich die Menschen Geschichten über sie erzählt.

Die Mythen der Maori

Die Maori in Neuseeland nennen den Dickschnabelpinguin Tawaki. In ihrer Überlieferung ist Tawaki ein Gott, der in menschlicher Gestalt auf der Erde wandelte.

Ein Gewand aus Blitzen

Gemäß der Geschichte der Maori blieb der Gott unter den Menschen unerkannt, bis er dabei gesehen wurde, wie er auf einen Hügel stieg, seine Kleider ablegte und sich mit Blitzen umhüllte. Kannst du Ähnlichkeiten zwischen dem gelben Zackenschopf des Pinguins und einem Blitz erkennen?

Entdecker der Vorzeit

Vor einigen Tausend Jahren lebte in Polynesien das Seefahrerpaar Ngake und Hinewaihua. Auf ihren weiten Reisen über das Meer begegneten sie vielen Tieren, die sie noch nie zuvor gesehen hatten: Robben *(kekeno)*, Delfinen *(aihe)* und Zwergpinguinen *(korora)*. Wieder zu Hause angekommen, erzählten sie den anderen alles ganz genau.

Kuscheltier aus der Kälte

Im Jahr 1911 reiste der Entdecker Herbert Ponting in die Antarktis. Zu Hause in England nähte er dann Ponko, einen der ersten Kuscheltier-Pinguine der Welt. Heute hat eine Cuxhavenerin die weltgrößte Sammlung von Pinguin-Gegenständen – sie umfasst über 25.000 Objekte.

Pinguin-Party

Pinguine sind dermaßen beliebt, dass es sogar zwei besondere Ehrentage für sie gibt: Am 20. Januar ist der »Tag der Pinguine« und am 25. April der »Weltpinguintag«. Du kannst sie mit einer eigenen Pinguin-Party feiern. Oder du sammelst Geld für ein Tierschutzprojekt, das den Pinguinen hilft.

PINGUINE AUS DEM WELTALL

Kann Technologie den Pinguinen helfen?

Pinguine sind von den Folgen des Klimawandels bedroht. Durch die Erwärmung der Meere schmilzt das Packeis rund um die Antarktis. Es ist wichtig, zu wissen, wie viele Pinguinkolonien dort leben, damit wir ihnen helfen können. Allerdings leben die Kaiserpinguine an so entlegenen Stellen auf dem extrem kalten Kontinent, dass es sehr schwierig ist, die Tiere zu erforschen. Eine Ortung aus dem Weltraum könnte die Lösung sein!

Auf Guano-Suche

Wissenschaftler können den Aufenthaltsort von Pinguinen mithilfe von Satellitenbildern herausfinden. Wie das funktioniert? Tja, indem sie nach riesigen Flecken auf dem Eis Ausschau halten. Die dunklen Flecken entstehen durch den Kot der Tiere, das Guano.

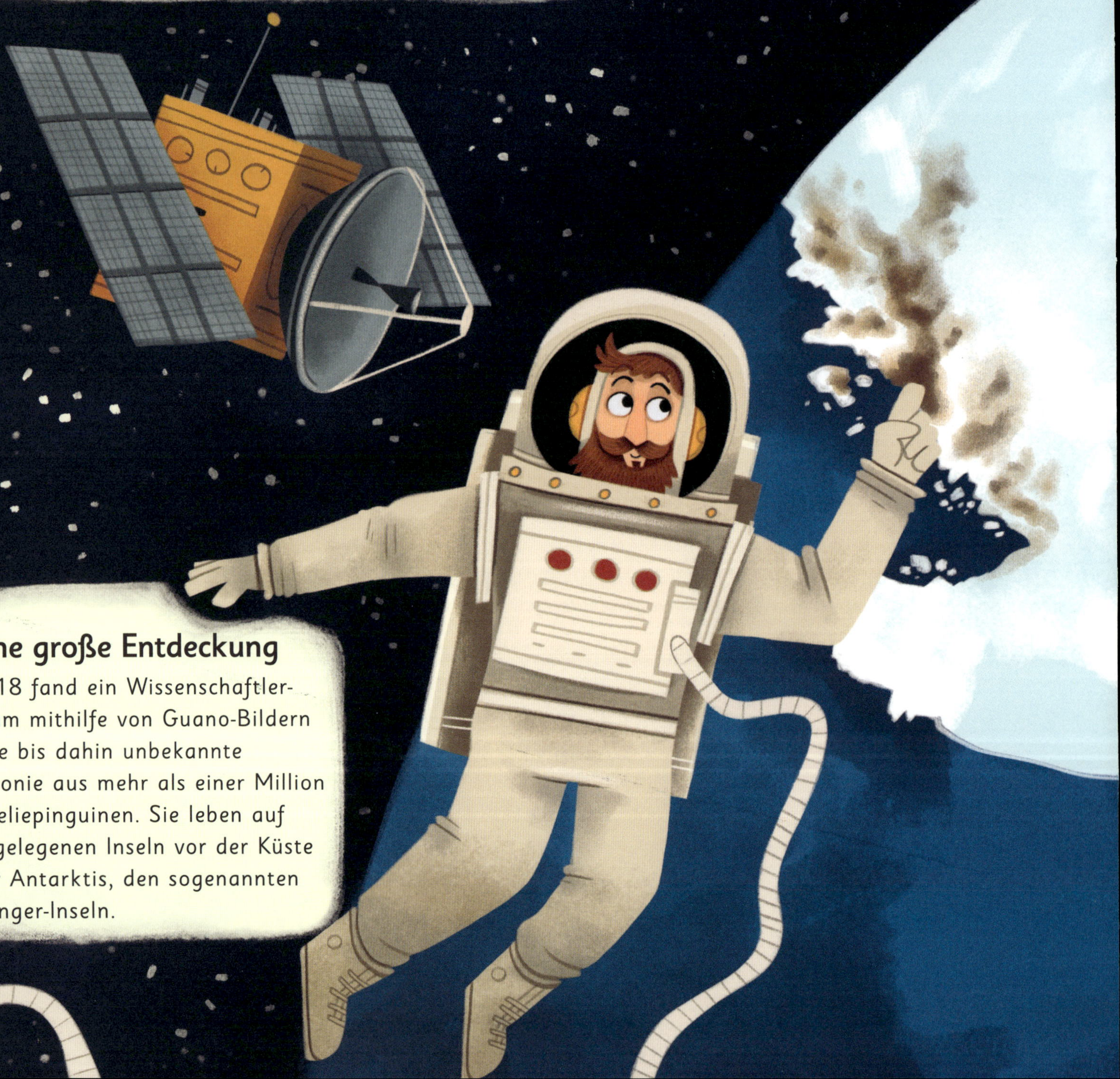

Eine große Entdeckung

2018 fand ein Wissenschaftler-Team mithilfe von Guano-Bildern eine bis dahin unbekannte Kolonie aus mehr als einer Million Adeliepinguinen. Sie leben auf abgelegenen Inseln vor der Küste der Antarktis, den sogenannten Danger-Inseln.

Smarter Pinguin

Durch den technischen Fortschritt verbessern sich auch die Forschungsmethoden der Meeresbiologen: Magellan-Pinguinen hat man bereits winzige Kameras auf dem Rücken befestigt und auf diese Weise herausgefunden, dass die Tiere gerne in der Gruppe jagen, um Fischschwärme zu umzingeln.

Auf uns kannst du zählen

Einige Forscher setzen Drohnen ein, um Pinguinkolonien zu fotografieren. Freiwillige auf der ganzen Welt helfen dabei mit, die einzelnen Pinguine auszuzählen. Inzwischen kennen wir über 60 Kaiserpinguin-Kolonien in der Antarktis. Die Gesamtzahl der Kaiserpinguine ist dadurch auf über eine halbe Million gestiegen. Das ist zwar beruhigend, aber wir müssen natürlich trotzdem überlegen, wie die Zukunft für die Pinguine aussehen kann.

DIE ERDE WIRD WÄRMER

Werden die Pinguine aussterben?

Was meinst du, welches das gefährlichste Tier auf der Erde ist? Das sind wir! Die Art und Weise, wie wir leben, wirkt sich auf das Leben aller Pinguine aus. In den vergangenen 50 Jahren sind die Bestände deutlich zurückgegangen. Die größte Bedrohung liegt in der Verschmutzung und Erwärmung der Ozeane.

Galapagos-Pinguin
NUR NOCH 1.200 TIERE

Seit den 1970er-Jahren sind die Bestände um mehr als die Hälfte zurückgegangen. Mit den Menschen kam die Umweltverschmutzung auf die Galapagos-Inseln. Doch das größte Problem ist die Erwärmung des Wassers. Wenn das Wasser um die Inseln zu warm wird, finden die Pinguine nicht mehr genug Nahrung.

Waitaha-Pinguin
VOR 500 JAHREN ZULETZT GESICHTET

Vor 500 Jahren besiedelten polynesische Seeleute Neuseeland. Sie machten Jagd auf die einheimischen Pinguine – leider so sehr, dass die Waitaha-Pinguine ausstarben. Es handelt sich bei ihnen um die zuletzt ausgestorbene Pinguinart.

SELTENER PINGUIN

Gelbaugenpinguin

NUR NOCH 4.000 TIERE

Der Gelbaugenpinguin – oder Hoiho, wie er von den Maori genannt wird – steckt in großen Schwierigkeiten. Innerhalb der letzten zehn Jahre ist die Zahl der Tiere um 70 % zurückgegangen. Die Hoihos leben zwar auf Inseln, auf denen es keine Raubtiere gibt, doch verfangen sie sich oft in Fischernetzen und verenden darin.

EIN NEUER PINGUIN?

Weißflügelpinguin

Je nachdem, welchen Biologen man fragt, stellt der Weißflügelpinguin entweder eine eigene Pinguinart dar oder ist eine Unterart des Zwergpinguins. Auf Neuseeland leben etwa 5.000 dieser kleinen Pinguine. Sie sind schon außergewöhnlich, denn sie sind nachtaktiv, schlafen also tagsüber und gehen nachts auf die Jagd. Ist es nicht aufregend, dass auch heute noch neue Arten entdeckt werden? Wir müssen diese Pinguine schützen, denn auch ihre Zahl geht zurück.

ZUSAMMENLEBEN

Brauchen Pinguine unsere Hilfe?

Ich glaube, wir sind uns einig, dass Pinguine nicht einfach nur niedlich sind! Sie sind wild und wunderbar und gehören zu den zähesten Tieren auf dem Planeten. Über Jahrmillionen haben sie sich entwickelt, aber nun ist ihr Überleben bedroht. Ja, wir Menschen sind gefährlich, aber wir sind auch in der Lage, Entscheidungen zu treffen und uns zu ändern. Wir müssen lernen, mit anderen Lebewesen friedlich zusammenzuleben und unsere gemeinsame Umwelt zu schützen.

Pinguin-Rettung

Im Juni 2000 sank ein Frachtschiff nördlich von Kapstadt, Südafrika. Hunderte Tonnen Öl gelangten dabei ins Meer. Mehr als 20.000 Brillenpinguine wurden damals in Sicherheit gebracht, vom Öl befreit und an einem anderen Ort wieder in die Wildnis entlassen.

Brave Hunde

Auf der Insel »Middle Island« südlich von Australien lebten Hunderte Zwergpinguine. Leider gelangten Füchse vom Festland auf die Insel und fraßen fast alle Pinguine. Schließlich waren nur noch 4 Tiere übrig! Da brachte der Hühnerzüchter Swampy Marsh seinen Hunden bei, die Pinguine zu beschützen. Dank Swampy und seinen Hunden leben nun wieder 70 Zwergpinguine auf der Insel.

Schützen wir die Lebensräume

Pinguine brauchen saubere Ozeane. Und was tun wir Menschen? Wir roden Wälder, verschmutzen Flüsse und Meere und beeinflussen das Klima. Wir sollten wirklich mal darüber nachdenken, wie wir leben! Wir können den Pinguinen helfen, indem wir gemeinsam die Lebensräume wilder Tiere schützen und lernen, nachhaltiger zu leben.

Zähl mit!

Du kannst die Bemühungen um den Schutz der Tiere unterstützen, indem du auf dem Computer Pinguine zählst. »Penguin Watch« ist ein Projekt auf der wissenschaftlichen Plattform Zooniverse. Log dich ein und mach mit!

FACHWÖRTER AUS DER WELT DER PINGUINE

Äquator:
Gedachte Linie um die Erde herum, die jeweils gleich weit von Nord- und Südpol entfernt ist. Der Äquator teilt die Erde in eine nördliche und eine südliche Halbkugel. In Äquatornähe ist es sehr warm. Die Galapagos-Inseln, wo die Galapagos-Pinguine leben, liegen am Äquator.

Antarktis:
Großer, vollkommen überfrorener Kontinent. Auf ihm befindet sich der Südpol. Die Antarktis wird von Menschen nicht bewohnt, aber einige wenige Tierarten leben hier, darunter vier Pinguinarten: Kaiserpinguin, Adeliepinguin, Eselspinguin und Zügelpinguin.

Art:
Tiere einer Art sind eng verwandt und können sich untereinander fortpflanzen, also Junge bekommen. Es gibt 18 Pinguinarten.

ausgestorben:
Tiere und Pflanzen, die einmal auf der Erde gelebt haben, die es heute aber nicht mehr gibt, bezeichnet man als ausgestorben.

bedroht:
Auf der Roten Liste der vom Aussterben bedrohten Tierarten werden verschiedene Grade der Bedrohung unterschieden. Bedroht sind nicht nur große Tiere wie Nashörner und Bären, sondern auch viele Insektenarten und andere kleine Lebewesen.

Blutkreislauf:
Die ständige Bewegung des Blutes durch den Körper, die vom Pumpen des Herzens in Gang gehalten wird und der Versorgung aller Zellen mit Sauerstoff dient. Durch den Blutkreislauf wird auch die Temperatur im Körper reguliert: Weiter außen liegende Körperteile, die der Kälte ausgesetzt sind, werden von dem warmen Blut aus dem Körperinneren erwärmt. Andererseits werden Körperteile, die nicht so warm sein müssen – wie beim Pinguin die Füße – etwas weniger stark durchblutet. So geht möglichst wenig Wärme verloren.

Drüse:
Organ im Körper, das eine bestimmte Flüssigkeit erzeugt und ausscheidet. Im Verdauungssystem gibt es Drüsen. Sie scheiden Säfte aus, mit denen die Nahrung zersetzt wird. Pinguine haben auch äußere Drüsen: Mit der Salzdrüse scheiden sie Salz aus. Die Bürzeldrüse sondert eine ölige Flüssigkeit ab, mit der die Vögel ihr Federkleid pflegen.

Eisberg:
Im Meer treibendes, riesiges Gebilde aus Eis

Fossilien:
Versteinerte Reste oder Spuren von Tieren aus der Urzeit

Guano:
Der getrocknete Kot von Seevögeln

Klimawandel:
Langfristige Veränderungen der Temperaturen und der typischen Wetterereignisse auf der Erde. Durch den Menschen verursacht, erwärmt sich die Erde. Dadurch ändert sich auch das Wetter: Es kommt häufiger zu Unwettern. Für Pinguine ist die Erderwärmung bedrohlich, denn sie fressen vor allem Fische, die nur in kaltem Wasser leben können.

Kolonie:
Tiere leben oft in großen Gruppen zusammen. Bei Seevögeln wie den Pinguinen nennt man eine solche Gruppe Kolonie. Auch Insekten wie z.B. Ameisen bilden Kolonien.

Kontinent:
Anderes Wort für »Erdteil«: große zusammenhängende Landmasse

Mauser:
Der Wechsel des Federkleids. Bei allen Vogelarten haben die Küken ein Federkleid aus kleinen, weichen Federn, das später durch festere Federn ersetzt wird. Auch bei ausgewachsenen Tieren wachsen neue Federn und ersetzen die alten, die abgenutzt und ausgeblichen sind. Da normalerweise aber nicht alle Federn gleichzeitig erneuert werden, fällt das meist nicht so auf. Bei den Pinguinen schon!

Meteorit:
Großer Brocken aus Gestein, der aus dem Weltall kommt und auf dem Erdboden aufgeschlagen ist.

nachtaktiv:
Manche Tiere ziehen sich tagsüber zum Schlafen zurück und wachen erst in der Dämmerung auf. Nachts sind sie wach und gehen auf Nahrungssuche. Bei den Pinguinen trifft das nur auf den Weißflügelpinguin zu.

Packeis:
Meterdickes schwimmendes Eis, das aus großen Eisschollen besteht.

Raubtier:
Ein Säugetier, das »räuberisch« lebt, also andere Tiere jagt und frisst. Auch im Meer gibt es Raubtiere: die Robben. Sie fressen unter anderem Pinguine und Fische.

Revier:
Bei vielen Tierarten braucht das einzelne Tier ein bestimmtes Gebiet für sich. Es verteidigt dieses Gebiet gegen Artgenossen. Pinguine sind zwar Tiere, die gerne in großen Gruppen leben, aber auch bei ihnen gibt es Revierverhalten. Besonders in der Brutzeit brauchen sie etwas Abstand zu den Nachbarn. Außerdem grenzen sich die Kolonien als Ganzes voneinander ab und jagen nicht an der gleichen Stelle.

Rote Liste:
Die Weltnaturschutzunion führt eine Liste der Tier- und Pflanzenarten, deren Bestände gefährdet sind. Die Rote Liste unterscheidet nach dem Ausmaß der Bedrohung: vom Aussterben bedroht, stark gefährdet (z.B. der Gelbaugenpinguin), gefährdet (z.B. der Galapagos-Pinguin), möglicherweise gefährdet, nicht gefährdet. Auf der aktuellen Liste stehen ca. 150.000 Arten, darunter viele Meereslebewesen, die durch die Erwärmung und die Verschmutzung der Meere bedroht sind.

Säugetiere:
Eine Klasse der Wirbeltiere. Alle Tiere dieser großen Gruppe säugen ihre Jungen mit Muttermilch, haben Haare und eine warme Körpertemperatur. Robben, Wale und Delfine sind Säugetiere.

Sekret:
Flüssigkeit, die in einer Drüse hergestellt wird.

stromlinienförmig:
Ein stromlinienförmiger Körper bietet Luft oder Wasser so wenig Widerstand wie nur möglich; Wasser oder Luft können leicht an ihm vorbeiströmen. Die Körper von Pinguinen und Robben sind stromlinienförmig. Dadurch können sich die Tiere schnell durch das Wasser bewegen.

tagaktiv:
Tiere, die tagsüber wach sind und nachts schlafen, nennt man tagaktiv. Alle Pinguine außer dem Weißflügelpinguin sind tagaktiv.

Tarnung:
Wenn ein Tier durch seine Färbung in seiner Umgebung kaum auffällt, so ist es gut getarnt. Durch die Tarnung können Raubtiere die mögliche Beute nicht so schnell entdecken.

Vögel:
Eine Klasse der Wirbeltiere. Vögel haben einen Schnabel und ihr Körper ist mit Federn bedeckt. Vögel legen Eier. Die allermeisten Vögel können fliegen, aber eben nicht alle!

Für Nell, irgendwann Galapagos, versprochen. – Huw

Für Ciara & Simone. – Sam

MIX
Papier | Fördert gute Waldnutzung
FSC® C008047

Penguin Random House Verlagsgruppe
FSC® N001967

1. Auflage 2024

Zuerst erschienen 2023 unter dem Titel »Do Penguins like the Cold?«
bei Thames & Hudson Ltd, 181A High Holborn, London WC1V 7QX
Übersetzung aus dem Englischen: Ulrike Hauswaldt
Cover- und Innenillustrationen: Sam Caldwell
Umschlaggestaltung: Lena Ellermann, Potsdam
aw / jf · Herstellung: aw
Satz: Lorenz+Zeller GmbH, Inning a. A.
Druck: C&C Offset Printing
ISBN 978-3-328-30328-2
Printed in China

www.penguin-junior.de